过眼云烟

大火

Transient Clouds
过眼云烟
Copyright © 2008 by Jianjun Shen

The author may be contacted by email at jjshen99@yahoo.com, or visit http://dahuo-poetry.jjshen.com

FIRST EDITION

Cover design: Jianjun Shen

ISBN: 1440426872
EAN-13: 9781440426872

出版： 大火冰火岛

予明昕

For Victor, with love and hope

序

三家居士

"外师造化，中成心源"。继处女作《彩虹如烟》横空出世之后，星相诗人大火的又一力作《过眼云烟》又飘然而至了。回想当年，"沧海月"诗社人声鼎沸之时，大火便以中秋诗会金榜状元脱颖而出，如今想来绝非偶然。"沧海月"虽如过眼云烟偃旗息鼓，但大火仍笔耕不辍，孜孜不倦，不时发出耀眼的光芒，令人绚目惊叹。

在大火笔下，"造化"，就是大自然的一草一木，星相，天地，日月，雨雪，春夏，秋冬，亘古不变的对立统一；"心源"，则是平凡日子中的每时每刻，是一次诗会，是伊湖赏月，是 Half Dome 一游，是 N Star 滑雪，是爱情，友情，亲情，乡情，是触景生情一触即发的宣泄和爆发。

有人说大火的诗歌很深奥复杂，其实不然。大火的诗歌离你我的生活很近，看得见，摸得着。

比如主打诗《过眼云烟》的这一段，"水温度低过冰点/球置于股市顶端/和平战争的歇间/财产暂时的权限/亚稳定崩溃瞬间"，便是当下政治经济局势的真实写照。"冰点以下的水"是一物理现象，任何干扰将使水迅速结冰，延伸到社会现象的"水"也是如此；股市动荡，如一个"球"处在暂时的高点，随时有滚动坠落深渊的可能；人类战争不断，和平，如同生命一样短暂与脆弱；财富的多寡也不过是亚稳定暂时的物理现象。这种将物理现象与社会现象相互排比交替映衬的手法，唯有理工出身的星相诗人方可驾驭，而且在大火的其他篇章也屡屡出现。从复杂的现象中参透事物的最本质，这便是大火诗歌的终极目标。

至情至性，是大火的人格特质，反映在诗作中，便是一幅幅酸甜苦辣爱恨交织的风景画。

比如《流星撒落》这一段，"望呀望望天边/流星撒落一瞬间/神仙冷笑音未了/凡世煎熬已千年"。诗人巧妙地将儿歌与七言并列，仿佛一位少儿在夜空下数着繁星，聆听着长辈们神仙的故事，顷刻之间却长大成人，老于世故。诗人借撒落的流星抒发了人世沧桑的感慨，将宇宙意相与诗歌心灵有机地融为一体。

《一粒麦片》，更是篇意相与心灵有机结合寓情于景的佳作。诗人不经意回想起儿时在姥姥家麦场戏耍的情景，将自己比作一粒麦片，"在晨光下闪亮"，在风中"悠悠醉"，快乐地飞扬；一粒麦片，也是诗人的理想和爱情，在梦里飘过美丽的池塘，白云映照在水面上，"鲜绿的芦苇，戏搅微波荡漾。"初恋的情人，"轻如羽"象嫦娥般从天而降。而后，这粒不安分的麦片，随风而去飘洋过海，来到了"山那边"的北美新大陆，得意地陶醉在"雪白云淡"的"新气象"中；进而"停停步"，融入了北美的新生活，如蜜蜂般如痴如醉地吮吸着花香。然而，就在如日中天的晌午，当这粒麦片"闭闭眼"，享受美伦美幻的梦景时，却参透了梦中隐藏着"乾坤震荡"的危机。当夕阳西下"定定神"时，这粒麦片已认不清故乡在何方，"空如镜，陌路漫长"。

可以说，这是诗人对自己前半生的回顾与反思，从开始在"风的交响"中"悠悠醉"，到后来"歇歇脚"，"停停步"，"闭闭眼"，尽情享受，再后来的"定定神"，要辨认前方的路和故乡的方向，诗人翻然回首来路，往事历历，却宛如大梦一般，有太多的无奈与感慨。 正如诗人自述："诗歌是感情的共鸣。"想必每位离家在外的游子，心中都珍藏着同样的"一粒麦片"。

与诗为伴，以诗为镜。诗歌，便是大火彩虹如烟的生命坐标，纵使造化流转如过眼云烟，也足以慰藉中成心源的诗意人生。

二零零八年九月

目录

过眼云烟

雪

雪
白茫笼四野
飞驰掠
大地银被梦蝴蝶

雪
晶莹缀松叶
阳光媚
冷眼冰泪傲气绝

雪
软绵柔似月
手中化
笑痴芬芳万古劫

爱，是什么东西？

大海，
茫茫，漫无边际。
海水，
冰凉，幽深无底。
风浪，
无情，铺天盖地。
天空，
蔚蓝，霞光万里。

汪洋大海，海浪滔天，
天水一色，色彩斑斓。

在这滔天的汪洋之中，
点缀著星星的孤岛；
在这星星的孤岛上，
生长着茂密的森林；
在这茂密的森林里，
隐藏着奇形怪状的山洞；
在这奇形怪状的山洞内，
都生着一炉熊熊的篝火；
在这熊熊的篝火旁，
有你梦中的伙伴。

一叶轻舟，摇摇晃晃，
漂流在无边无际的大海上。
你坐在轻舟里，迷迷茫茫，
两手紧抓着双桨。
白天，你赞美火热的太阳，
晚上，你欣赏凄凄的月亮。

你从一小岛掠过，
你嫌树矮枝不茂。
终于有一天，
你找到了你的小岛，
你把小船停靠在岸边，
钻进了森林根深叶茂，
寻到了岛上的山洞，隐蔽花俏，
顺着火光找到了那一半，
心花怒放，神魂颠倒。

慢慢地，两半灵魂撞到一起，
你不再看到对方的脸。
从此后，你只能看到洞壁上你俩的影子．
你沉浸在幸福中。

你希望永远不再出洞，
永远不再看到洞外的世界，
你希望不再漂流，去寻找另一个小岛。

DaVinci Code 观感

赞美您万能的上帝
创造了万灵与天地
营造了天堂与地狱

我们的生命属于你
我们的心里只有你

您的使者纯洁无枇
拯救众生不惜捐躯
我们永远地敬仰你
神圣光芒三位合一

有人抢吃您赐予的谷粒
我们坚决与他斗争到底
有人怀疑您的神圣教义
我们把他打入深层地狱

感谢仁慈的上帝
我终于找到了真理
我要苛守这秘密
不惜生命铲除异己

我领会了您的真谛
我要与您合而为一
我是您的使者
要利用别人达到目的

灭对手您给了我力量
杀情敌您给了我勇气
我要与你共用这美食
我要与你共享这佳丽

感谢慷慨的上帝
我终于理解了真义
我要坚持这信念
您就是我，我就是你

Half Dome 一游

金光闪烁北极星
木柴烧燃在宿营
水气冲天彩虹映
火炎烈日照当空
土途石径通峰顶
人倦息休在云端
地布白雪天蔚畏
天高瀑急义情浓

今又七夕

月月明月，
今又月明，
玉兔嫦娥形影寂.
夜夜繁星遍银汉，
今宵与谁眠.

岁岁七夕，
今又七夕，
牛郎织女隔河涕.
年年卉花漫山野，
今夕是何年.

世人本无情

闹市本无声，
车水亦非轮，
原来无一念，
何处蒙混沌.

世间本无爱，
明眸亦非灵，
原本无一缘，
何方触孽情。

世人本无情，
情人亦非心，
世本无一性，
何乎爱与恨。

七七情诗评奖有感

诱人的词句
多情的诗歌
寂静的空气
温暖的心波

一睹作者们的风采
二赏朗诵者的顿锉
每个人都在想着自己的故事
每个人都在心里蹉跎

情感的世界细微奇妙
柔弱的心灵广阔波涛
滚滚红尘
我们是那样微不足道

唯愿有情人珍惜
这短暂的人生
这尘世的喧闹
感激彼此的心跳

乌云密布

太阳东升
蓬勃火红
温暖着大地
万物苏醒
碧蓝的天空
鸟飞叶颂
鲜花在风中
摇曳欢腾

何曾料想
乾坤骤然移动
吹卷过来
凛冽的狂风
叶如泪滴落下
云似江水汹涌

乌云遮住了
明月的亮晴
黑夜笼罩了
喧哮的郭城
两眼模糊了
闪烁的星星

大地一片雾蒙蒙
伸手不见五指动
飘荡的心灵
忐忑不宁
铁石的心肠
醉梦无醒

云能否告诉我
月是否还会笑
天是否还会晴

忽近忽远

忽近忽远
近似云端，伸手绵绵
远至天边，眨眼光年

云端，风动弥散
天边，宁静无间

绵绵，憧梦现
光年，实心含

伸手，月凄然
眨眼，星光淡

舞．蹈

振耳的鼓燥
花彩的光角
乌烟的闭笼
群魔乱蹈
欲挣脱
肉体的监牢

酒精润滑
笨拙的躯壳
汗水吸走
凡心的毒垢

监牢的窗
轻瞟
灯红的烦恼
欲看穿
红尘的奥妙

手脚紧跟
音乐的号角
天堂路遥
末丢下
疲惫的羊羔

感恩节

风平天碧阳光灿烂
喜洋洋大地一片
太阳落山
温暖跃上桌餐
美酒香醇笑声连连
歌喉撕裂游戏暂短

热闹哗喧
领带系挡喉咙里
心的蹦窜
期望片言来掩饰孤单
我意依然
亭亭玉兰冷酷平淡
不现一丝温暖

凉飕飕门外凉风
袭来冷颤
人声嘈杂明亮的灯盏
包不住深夜漆黑一团
世态凉炎

自由的空气
吹不散时代的谎言
模糊的泪眼
辨不清终点交错的起点

Ultimate Annihilation

A beast in the darkness of a forest
in search of food was out of the forest
to the soft bank of the river
scared to death encountered a monster

A brave man in the bareness of a valley
dare to despise the taboo of the society
peek the richness of land the side of the hill
punished to death by the noble elderly

A sage journey around the flat land
to reach remote cape and the edge of the world
to find the roundness of the globe
burned to death by the son of the God

A soul in the quantum fluctuation
to search the other half of the equation
just to find self be a ripple in the endless wave
an illusion to refrain from the ultimate annihilation

反抗

衣装华丽
伪装的美丽
堂皇大雅
已座无虚席
铿锵严肃
丰富的哲理
成功与秩序
骗人的把戏
玫瑰的蜜语
包围枪林弹雨

揭开你的面纱
除去你的外衣
赤裸的凝聚
昼日下的游戏
刀枪剑戟
独是公平交易
干枯的沙丘
在冰风中颤抖
似汁嫩的双乳
掩埋斗士的寒骨
疯狂的挣扎
只为基因优续

滤光片

睁开眼发现
周围是稠密的光线
带上沉重的滤光片
把世界观看

世面上秩序井然
世人都幸福美满
强烈的紫外线
把诱惑分散
厚厚的滤光片
掩饰贪婪

你试探问我
为何不摘掉滤光片
我说曾想一丝不挂
回归自然
但不再能抵拦
猛兽的虎视眈眈

我会适应这黑暗
牢记圣贤的箴言
纯洁的花瓣
乃纯粹的虚幻

花落几度愁

去年神月云中游
今夜雨蒙浑噩噩
去年月圆光如水
今夜月缺雨似泪

月圆月又缺
花开花又落
月圆何所喜
月缺何所忧
花开几春秋
花落几度愁

潮长潮又落
日出日又没
潮长何所惧
潮落何所喜
日出花枝硕
日没与梦和

月圆潮长水流长
流水潺潺银河畔
日出花开蕊鲜艳
果实丰盛潘桃园

滑雪 N Star

天女散花鹅毛扬
裙抖风列魂异乡
冬眠群松横眉霜
春暖花开任我狂

春来早

春来早，
春雨惊春季不饶
花开稍，
花枝招展春来报
梦正逍，
梦嫣蕊枝时正晓

风无影

风
来无踪
任凭顽石硬
风化于无形

风
去无影
何顾桅杆挺
风快波涛涌

风
不留情
无论春与冬
风流落叶清

风无情

风和日丽花郁葱
风平浪静气爽清
风姿柔轻盈
丽倩影

风吹草动牛羊竞
风雨飘摇树木绠
风情赛万种
草木动

风起云涌日狰狞
风卷残云月愁容
风急电雷鸣
云坠空

风刀霜剑情未终
风花雪月意正浓
风飘旗无声
剑无情

过眼云烟

砰一颗子弹击穿
生与死的刹那间
微不足道的星尘
回融入茫茫无限
极乐永远

水温度低过冰点
球置于股市顶端
和平战争的歇间
财产暂时的权限
亚稳态崩溃瞬间

碌碌奔波无间断
只可叹雷劈电闪
一世稳定的梦幻
梦中的过眼云烟
昙花一现

蠕嚼油汁的兽肉
举起粉红的酒盏
吟颂卿绵的诗篇
洒出翻滚的骰盘
天狗吃日无明天

千橡湾

天温暖微风抚面
马不停蹄路转
驰奔期待中港弯

花枝挺羞妮烁闪
独享舞台剧院
步轻珊满月高悬

冷战陈年史久远
唯列陈博物馆
山高风劲新景观

心痒日匆匆落山
浪涌朝长海滩
淡霞天暗脉脉冉

笛号喧夜市路短
漫步街亭橱栏
光如水风凉意绵

歌莺语顺马驰缓
风骚动花叶颤
花开花落待明天

一粒麦片

尘土飞扬
热火朝天的麦场
一粒麦片
在晨光下闪亮
悠悠醉
和风的交响
薄如冰
自由舒畅

飘过透明的池塘
映照白絮的膨胀
鲜绿的芦苇
戏搅微波荡漾
歇歇脚
如沙粒凭细水浸揉
轻如羽
起舞嫦娥降

山那边新气象
乘坐柳叶飞毯
遨游昔日武场
雪白云淡气爽
停停步
溶入肥沃土壤
意如蜂
独享花香

蓬勃的午晌
荡入蒸干的沙场
金睛愈抵抗光芒
气如火蒸蒸日上
闭闭眼
透视绝伦梦乡
美如画
乾坤震荡

日西斜路途长
混进飞沙弥茫
绿草茵茵独向往
雨露滋润空渴望
定定神
辨认故乡方向
空如镜
陌路梦长

百无聊赖

一觉醒来
万树梨花开
鸟语花香
蒸蒸歌载
东奔西颠
沐浴雨淋日晒
意念秋收满园
笑逐颜开

一眨眼
烈日西迈
猛回头
梨花散败
东厢枝头垂
西域叶卷崖
南城林一统
北郭雾中埋

天暗淡
风袭来
急流脑海
一片空白
欲起步
何处迈
茫茫荒野
百无聊赖

虚无缥缈

黑斗篷红舞鞋
纤手绘彩蝶
柔光洒面曲歌谐
明眸透旷野

昼念长夜梦桀
满志易踌躇
一腔热血独自咽
此期空对月

也记伊湖

榕树下伊湖畔
饿狼竞技展
鱼汤烧肉川凉面
瞬息只空盘

美酒淳玫瑰艳
烧烤色斑斓
沸腾人声乐震撼
跃跃欲向前

诗句昂歌声甜
舞蹈霹雳劲
琴声泣凄剑气寒
夜黑风萧然

湖水静群魔乱
拥抱情意暖
玫瑰朵朵傲风寒
今宵梦谁边

下水道里的铜板

下水道里铜板
穷书生踉跄脚乱
伸绳捞检
无奈手粗绳短
神焦燥一脸虚汗

无赖汹汹向前
把瘦书生推搡
书生手紧握
远远观看
强忍饥寒
在风中抖颤

天渐渐黑下来
夜幕吞噬了眼线
哭声夹着雷电
恍惚中来到阎王殿
手里捏着那铜板

意识流

冷风袭来泪满楼
幽幽酒中留

恍惚昨日的风雨
怎奈何今天的蔚蓝
奔驰的车轮
赶不上红日西山
那曾经的刻骨铭心
一带而过轻描写淡

时间 把历史笑玩
遗忘 多么优良的生存特点
明眸 无视眼前的斑斓
谁能逃过未来的虚幻

星球的运转
谎造出星座奇缘
原始的甲烷
可曾料今日的摧残

花香扑鼻果实汁嫩
恍惚的湖面忽近忽远
欲拉近畸变的空间
落空非前世姻缘

那一颗孤独的小草
在微风中摇曳
默默的吐露着氧气
衬托一旁花叶招展
挡住了温暖的阳光大半

春去秋来草干
春暖花开新苗蓬勃舒展
无意的轮回
公平正义如石窟的图案
风化成沙无踪无边

丝丝温馨缠绵
点亮漆黑的夜晚
那澎湃的汹涌
来自陌生的海滩

糖衣紧包裹
闪亮的豆果
香浓的咖啡
冰凉的可乐
侵蚀着肉体
麻木着口舌
美酒的香醇
填充着躯壳

沉默傍晚

郁郁的绿草
五彩画的叛逃
酒杯的线条
哈哈镜的嘲笑

透明溶液紫红
育出嫩芽蠕动
迷茫冻结窗前
膨胀
又一颗大树参天

霞照空旷宇殿
气聚丹心宇寰
独享沉默傍晚
酝酿
新一起风暴狂澜

流星撒落一瞬间

盼呀盼盼过年
又吃饺子又拉鞭
今年明年一眨眼
明年后年望眼穿

等呀等星期天
晌午进城晚醉潭
恍恍惚惚梦境短
一周一周只循环

待呀待待进山
湖光山色星灿烂
稳下心来细回念
昨日晨星已入眠

望呀望望天边
流星撒落一瞬间
神仙冷笑音未了
凡世煎熬已千年

枯树

枯树描绘的几何分裂
伸出湖面的冰水平界
月牙反射的日落余光
笼罩紫红的幽暗荒野
寂静无寂的凝固全息
时钟停滞的黑洞视界
孤独荒凉的感官视觉
诱入玄幻的无我境界

随笔

朦胧的夜色
笼罩微风中的绿叶瑟瑟
深蓝的天壳
涂上一抹淡淡的粉色
平静的湖面
映照出绯红的羞涩
轻描的眉梢
远胜过浓妆艳抹
移动的脚步
印出天堂的路
衍射的轮廓
如金光四射
眨动的双眼
赛过金木水火
清脆的语歌
雷贯耳百鸟嘴合
纤纤的气息
魂飞胆破气壮山河
脉动的纹波
融入急流翻腾的江河
意念的突破
演绎日月乾坤游戏壮阔
寂寞的沉默

花与叶

蓝天白云日光耀
风和树摇绿叶茂
花苞初开蕊娇滴
群蜂追逐采甜蜜

绿叶辛勤光合作
氧气吸入蜂飞烁
赞美花开花似玉
美艳卓绝风中溢

绿叶吸取日光热
化做能源育花朵
高歌花开花美丽
今生今世不忘记

绿叶摇曳挡风雨
疲惫浪人夜栖息
甜梦醒来摘花菊
花香醉倒诗人题

花谢葬花人笑痴
花绣手帕揩泪滴
叶落归根肥田地
回归自然东流去

中秋思

月夕当空充寰宇
心神如水铺满地
仲秋露水声无息
冰凉刺骨不寒栗

月宫外婆纺线急
寒衣缝细避风雨
嫦娥飘飘寒宫逸
玉兔杵忙仙药剂

人世苍苍多苦役
寒衣飞度世间疾
灵丹妙药长生旭
天界辉煌仙人居

大地母亲多安息
儿女祭奠前世旅
明日后嗣喜欢聚
终归故土风尘去

伊湖赏月

夜来中秋月
月明伊湖影
鹅眠明月下
何晓人间情

Illusion?

something flashing in your mind
something magic in your thought
something exploring in your blood
something imaginary in your heart

is it something called love
is it something called lust
is it something called tear
is it something called forever

follow your emotion in the air
open your eyes and look ahead
the scene is frightening as you dare
your hands are still like the crystal ice

is it another space another time
is it another life another world
is it a reality in your dream
is it an illusion or a joke

冰与水

似水还似冰
似云亦似雾
晶莹透心肺
伸手却模糊

乌黑短装束
包裹红丹炉
雪白格子露
万丈浑天宿

汹涌似白涛
格子独禁锢
万变不离宗
规则何作古

泡沫气流註
欲挣坚皮鼓
冰凉寒心头
实似热浪谷

地壳颤不足
未醒幻梦土
雪崩亦恍惚
欲撒网无束

苍白隐憔悴
几度春光陆
水冻冰易碎
谁人捧泪珠

速移格棋子
刺透玻璃纸
水火共相容
冰化润沃土

日出气蒸发
彩霞绚露珠
冰水气循环
不枉一世足

群雁高翔飞无影
叶落秋高蝴蝶梦

人字雁
蓝天似海不留影
影留脑海中

秋叶黄
高枝摇曳不留停
停留像集缝

蝴蝶俏
飞来飘去不停留
倒影杯中酒

我有一杆枪

我有一杆枪
让吕布景仰
拿破仑投降
吴三桂呆立一旁

硝烟弥漫的战场
处处火光
最有效的楼岗
埋伏在你唇旁

吻热闪亮的枪管
射出满腔的子弹
谁敢向前
定会人仰马翻

战术与生俱来
何惧敌人嚣张
坚定不移的信念
破竹难挡

世界最为宽广
终把你我埋葬
含笑撒手之前
需把世界砸烂

记詩的季节

平沙落雁琴声散
大江东去涛声撼
自由大海喧声唤
甘蔗林里梦明天
葫芦琴声悠扬展
旅东游西留诗篇
提琴声颤心伤感
慕容情切拨心弦

圣地亚哥游记

环球航海踏新土
繁荣文明枪炮护
海浪汹涌灵自鸣
列日入海霞光竟
路簸沙飞入腹地
沙漠荒凉视野驱
土丘林立为谁刻
漠域花艳为谁硕

新年的雨

闪电拉开
天缝的瞬间
天灵的血脉
把苍穹弥漫
雷鸣滚滚
似摇旗呐喊
号角向前
震撼心田
绵绵细雨
抚爱温馨
催人梦甜

狂热

烈日，核变的赤裸
明月，诡异的婀娜

狂热，入骨的病魔
河洛，魔鬼的混浊
脑壳，灼热的丹烙
眼神，片刻的洒脱
山河，狩猎的家伙
掌心，星球的桥辙
手脚，通天的梯榘
黑发，精灵的网络
耳膜，振列的涨落
窗口，好奇的险恶

山野，致命之诱惑
百年，碑词之何刻

沙漠客栈

黑夜
笼罩寒冷的沙漠
疾风
掠过窗口的灯火
身影
跨上飞驰的马车
道路
伸向天边的诱惑

骏马，昂首扬眉
金鞭，声脆如雷
红沙，妖艳如醉
天空，模糊雾水

时钟，振人心肺
马车，颠簸欲碎
路头，蜃楼望梅
客栈，似是而非

下马，原地徘徊
小二，朦胧纳问
"客官 梦游未睡?"
"天明 日复轮回."

林中骑

林密松耸立
白马身隐露前蹄
红装粉帽齐
缓弛炯目直前驱
景深木无数
乌鸣啼
群鹿迷游戏
鞭莫及

密林树茂密
英雄勇往刺心肌
装红家温喜
澎湃热情浑天地
深景魂归处
仙人及
鹿群沙迷离
消无忌

林海花彩示乾坤
像虚影幻视缘蜃
拥日新
莫于今

刑场

黑夜的牢屋
关着叛逆的囚徒
血与肉的墙壁
束缚紧沸腾的锐气
是生不逢时
还是人性本如是

渴望自由
自由自在的爱与忧
憧憬激流
翻江倒海的温柔
赞美蝴蝶
五彩缤纷的梦游

牢门打开了
片刻的自由
香喷喷的酒肉
无情的引诱

曾粗茶淡饭
曾虎视眈眈
永世的酒肉
曾信誓的追求

请享用这无奈的酒肉
松弛你的血肉
再见了朋友
前方是永恒的自由

烈毒的阳光
照在刽子手的斧头
化做汹涌的波涛
全息镜中的鬼咒
远方的鼓角
催动战士的雄壮歌喉

闭上双眼
回头艰难的路途
欣赏时空的颠覆
那鲜红的热血
染遍天球
又化成微细的病毒
渗入众生的血肉

大笑仰天
红彤彤的光环
旌旗招展
刽子手的斧头
怎奈何无头的血肉
来来狂饮来来大嚼
束缚的牢笼不再有

星光

天垣依旧笼西丘
淡云逍遥梦中悠
树静风抚叶不语
满天不见月儿羞
彷徨北斗何处指
夜夏凉风身颤抖
星光惨淡映孤影
楼空烛暗散闲愁

小满

夏满无闻蝼蝈鸣
叶茂未睹柳絮蓬
浑浑噩噩偶梦醒
乡路模糊似前生
颠簸路途一程程
百家四海孤留情
离乡背井何所从
但忘故乡缕缕青

三登 Half Dome

说说笑笑一路畅
小雨营地凉气爽
大坝水清山环绕
夜临人熙欢声扬
浓汤酒肉饱肚肠
篝火熊熊暖心房

瀑布彩虹石阶陡
林曲路绕炎太阳
人如蚁队悬铁索
峰顶无限美风光
风筝飞映白云天
热石一躺万气降

脚入清清冷水流
洗净疲惫添力量
水声伴路下夕阳
半顶险峰只如常

火

火
苗旺赤黑夜
风中舞
欲缠心结

火
舌热暖身觉
空中跳
没吞视野

火
炎烈沸热血
心中绕
胆烧肝裂

这一局

无中生有天元始
天圆地方阴阳和
黑白两极谐中道
四象天垣陇日月
五星众辰浑一体
天网恢恢浸寰宇
四维八卦九宫阔
大同世界善恶决
天人合一心满宇
变换无穷易道理
博弈忙碌争胜负
万劫不复终归土

爱恨烦伤 - 和张衡，鲁迅

我所爱的在天边，
想搂过来臂太短，
捶胸顿足声连天。
佳人送我弯月牙，
我回赠她水一桶。
水中捞月一场空，
不知为何泪满胸。

我所恨的在心里，
想抓住她无力气，
哀声叹气语无次。
佳人送我竹篮子，
我回赠她井一眼。
竹篮打水一场空，
不知为何泪满脸。

我所烦的在身边，
想轰走她无皮鞭，
虚张声势大声喊。
佳人送我大黑熊，
我回赠她玉米棒。
老熊掰棒白费力，
不知为何泪满地。

我所伤的在心肝，
想治疗她缺良药，
哭哭啼啼鬼狼嚎。
佳人送我无情花，
我回赠她回心散。
花散满地难分离，
不知为何泪满天。

马甲马甲就是好

(为 Friday Forum 而作)

马甲马甲就是好
挡风遮雨很坚牢
春夏秋冬皆可用
白天黑夜顶灌靠

马甲马甲就是妙
朋友敌人均可讨
明明暗暗乱放箭
一见不对撒腿跑

马甲马甲就是高
单枪可号万马啸
锣鼓声天敌胆破
羽扇后面偷偷笑

马甲马甲就是巧
多管齐下情场皓
打情骂悄无后顾
谈情说爱箭双雕

马甲马甲就是道
喜怒哀乐皆能表
吃喝嫖赌全包括
多重人格尽逍遥

吃吃吃

(为 吃吃吃 events 而作)

吃吃吃
吃到红光满面赤
吃到腰粗肚圆时
吃吃吃
吃到朦胧睡意直
吃到天混地暗日

吃吃吃
吃出酸来吃出甜
吃出辣来吃出咸
吃吃吃
嘴食眼食心亦食
食色性也正当时

有一点坏

(为 "有一点坏" Club 而作)

有一点坏
美眉娇俏桃花开
帅哥潇洒情脉脉
有一点坏
清歌漫舞通宵旦
吃香喝辣不慢待
有一点坏
赌注真假实难猜
游戏杀人真痛快
有一点坏
嘻嘻哈哈眉眼开
打情骂俏尽开怀
有一点坏
夏泳冬雪春秋晒
露营荒岭野花采
有一点坏
马甲明暗灌水赛
天涯明月千万载
有一点坏
身心健康才无害
星座奇缘最可爱

生命的延续

目不转睛
注视着你熟睡的脸
油然
把整个世界弥漫

轻轻地
亲着你柔嫩的小脸
宇宙浑然

你醒来
带着无邪的笑颜
天真的提问
幼稚的话言
带来欢乐无限

爱的牵挂
爱的温暖
感激上天
把生命续延

细细的雨

窗外细细的雨
似鼓点共击
激起红砖上波急
树叶享受着淋浴
均匀地呼吸
在梦中孕育花蒂

窗里温暖的空气
飘荡着烂漫的笑语
满地的红黄蓝绿
游戏中无尽的乐趣

专注的神情
令雷电息鼓日月偃旗
多彩的蜡笔
描绘出虹霞万里
乖巧的手
垒砌出未来的绚丽

纯真的话语
赋予存在的意义
爱的沉浸和感激
填充了生命的空虚

海滩

风清云密戏穿天
水天同色涛斑斓
风扑波卷追烂漫
欢笑融合浪拍岸
潮沙覆履轻柔抚
晨昕日月唯我伴
海宽地阔天球远
何敌天伦暖心间

爬山

夕阳淡云色染
微风清凉拂面
僻静山路曲弯弯
偶闻小鸟歌环

小跑木桥震颤
转眼回头对岸
五彩秋叶映水边
恰似天真笑脸

Made in the USA